나 다시 필 거야

나 다시 필 거야

2025년 9월 5일 초판 1쇄 발행

지은이 양전형
펴낸이 김영훈
편집인 김지희
디자인 김영훈
편집부 이은아, 부건영
펴낸곳 한그루
　　　　출판등록 제651-2008-000003호
　　　　제주특별자치도 제주시 복지로1길 21
　　　　전화 064 723 7580 전송 064 753 7580
　　　　전자우편 onetreebook@daum.net 누리방 onetreebook.com

ISBN 979-11-6867-233-8 (03810)

ⓒ 양전형, 2025

저작권법에 따라 보호를 받는 저작물입니다.
어떤 형태로든 저자 허락과 출판사 동의 없이 무단 전재와 복제를 금합니다.
잘못된 책은 구입하신 곳에서 교환해 드립니다.

값 10,000원

양전형
시집

나 다시 필 거야

한그루

시인의 말

한계를 넘지 못하고 바둥대던
내 사념의 파편들을
밖으로 내쫓는다.
추레한 내 시詩들이여,
거친 세상 조심히 다니시라!

2025년 가을, 양전형

차례

제1부
궁상떨기

13 봉숭아
14 쇠별꽃
15 구절초의 아침
16 나비난초
17 까치무릇
18 장미 한 송이 드립니다
19 배롱낭꽃
20 시의 몽환
21 배반의 능소화
22 눈
23 가난의 입
24 선인장꽃
25 뻐꾸기 타령
26 또 봄이네
27 밥
28 사람꽃
29 궁상떨기
30 불면증

제2부

가을길
단상

33 누설의 끝
34 겨울 장미
35 별꽃
36 새벽, 신사수마을에서
38 강
39 가을을 신는 신발
40 변비에 걸린 시
41 산나리꽃을 보며
42 가을, 생각
43 보름둘광 갈보름
44 뚜껑
46 다시 봄이다
48 나 꺼
50 향기
51 목심이여 안녕

제3부

그림자

55	허공
56	흐린 날
57	동반자
58	모르는 사이
59	오늘은 집콕
60	내 그림자는 내 빛
62	철쭉꽃 한 송이
63	그림자에게
64	제주공항에서
65	곱을락
66	또 하루를 산다
67	그날
68	나 다시 필 거야
69	굴메

제4부

우리 집
돌울담

73 우리 집 돌울담
74 춘몽春夢
76 각시야
77 장마 ᄀ리에
78 칠순七旬이 일순一瞬이다
79 우리 각시
80 가냐귀
81 일흔 살, 전기傳記
82 어머니 제삿날
83 예순일곱, 청개구리
84 폭낭 우티 가냐귀
86 무사꽈
88 버리기
90 어머니를 다시 보내며
92 각시신디

제5부

장마와
목각인형

- 95 장마와 목각인형
- 97 헤지기붉음
- 98 설유화雪柳花
- 100 그대 이름 속에
- 102 가을 눈물
- 105 이녁 셍각
- 106 너꽃
- 107 뚝
- 108 내 안에 사는 그대
- 109 가을바람

해설 113 이면의 서사에 나타난 사유의 깊이

김신자(시인, 제주대 강사)

제1부

궁상떨기

봉숭아

하늘이 너에게 매달려
하늘거리는 거 좀 봐
땅바람이 너에게 붙들려
버둥거리는 거 좀 봐

하늘 보며 하늘천 한 송이
땅을 보며 따지 한 송이
늦여름 울담 그늘
분홍 입술 달싹이는
나직나직 너의 목소리

쇠별꽃

어제 잠 속 별밭에서
주머니 가득 별을 숨겼는데

이즈음 시들어가는
내 얼굴을
가만가만 보던 쇠별꽃
내 주머니 속 별들
언제 훔쳐 갔는지

아침 햇살 마주 보며
마당 구석에 초롱초롱 띄워 놨네

구절초의 아침

귀뚜라미 울며

가을앓이 서걱이는 밤을 굴려 갈 때

그대를 생각하며 긴 잠에 들었더니

무더기 구절초 저렇게 피어났네

아침 하늘 머금고 핀

꽃송이들

내 생각이 그려낸

님의 하얀 얼굴

나비난초

초름한 화분에
붉은 나비들 피었소
그대는 가뭇없고 봄날은 다시 오고
화경에 바짝 부풀다
동동 동동 떠 있소

날아도 날아봐도
날지를 못하오
접어도 접어봐도 접어지지 않소
그리운 내 맘이 저러오
불서럽게 피었소

까치무릇

그립다는 말은
하는 게 아니다
너처럼
먼 하늘 보며
꽃몸 하나에 생각 한 송이
곱게 피어 있으면
그리움이다

장미 한 송이 드립니다

바람이 읽어 내고
고개를 끄덕이는
시붉은 고백록입니다

한 잎 한 잎
부풀어오른 내 마음
꽃부리 가득
채워 낸 언어입니다

배롱낭꽃

뜨건 몸

햇살에 비벼대던 배롱낭*

긴 몇 밤 건너더니

꽃을 내기 시작한다

동글동글 부푼 꽃망울들

내 안에

주책의 나이에도 매달린다

피고 떨어지고 여물고 피고

정갈한 옷매무새

활활 백 날이 탄다

*배롱낭: '목백일홍'의 제주어

시의 몽환

오랜만에 시와 마주 앉았다. 그를 내 종이로 이끌었으나 요지부동이다. 이윽고 나는 메마른 미라. 그의 초롱한 눈이 내 얼굴 훑으며 그의 종이 위에 나를 쓴다. 시가 나를 어떻게 썼는지는 몰라도 그 종이 위에서 동물원 냄새가 풍긴다. 그럴 때마다 나는 되돌아오는 목숨. 시가 나를 떠난다. 내 연필은 그의 손에 들려 있고, 그가 남긴 종이는 또다시 백지다

배반의 능소화

한때는 연인처럼

마당의 능소화 고운 웃음

내 눈으로 쏘옥 쏙 안겨 들더니

내 나이 칠순

차츰 쭈그렁이 돼 가는 모습

싫었는 듯

울 밖으로만 나가며 피네

고개 홱 돌린

목이 긴 뒷덜미

달아나려 하네

눈

멈추지 않고 가는 시간 원망하지 말자
멈추지 않고 오는 세파 미워하지 말자
계절은 늘 우리들 눈 속에서 오고 간다
원망도 미움도 우리들 눈 속에서 산다
어차피 인생인 것 눈 뜨고 다 봐야 한다

가난의 입

서포리밥* 강냉이밥*

모멀느젱이범벅* 눔삐범벅*

가난한 명찰들이

옹기종기 모여 살던 시절

그 이름들은

제법 의기양양 익으며

내 허기증을 쫓아냈네

그때마다 어머니는

내 입으로 당신 배를 채우시면서

빙시레 웃으셨네

*서포리밥: 설익은 보리를 삶아 말려 쌀 대신으로 지은 밥
*강냉이밥: 강냉이 가루를 중심으로 잡곡이나 고구마 등을 섞어 지은 밥
*모멀느젱이범벅: 메밀 나깨에 고구마 호박 무 등을 섞어 지은 범벅
*눔삐범벅: 메밀가루에 무채를 썰어 넣어 만든 범벅

선인장꽃

가당오당 브레민
넙작흔 몸 페와 낭

올레에 사둠서 와상흔 가시로 찌를 듯 흐여도 난 그자 줍줍으로 누게 따문 벌겅케 물든 나 가심 달래멍 터박터박 뎅겨신디 오널 낮인 제라흐게 시벌겅흔 꼿 피왓네

꼿으로
나 무심 찔를 줄
셍각이나 헤시커냐

뻐꾸기 타령

익은 봄 한낮의 무료가 잠시 적막을 풀어놓는다 이럴 때 내 사유는 공허를 찢으며 내려온다 나는 내 사유의 멱살을 잡고 흔들며 시 한 줄 내놔라 한다

가까운 숲 뻐꾸기 두 마디 단음이 기진맥진한 내 사유의 어깻죽지에 날개를 부추기다가

이내 단조로운 뻐꾸기 소리가 먼산으로 옮겨진다 아, 저 뻐꾸기 한 마리 잡아다 뻐꾹 소리 두 마디의 의미까지 통째로 삶아 내 노트에 시 한 마리로 떠억 올려놓을 수 있다면 누가 맛있게 뜯어먹을지도 모른다

또 봄이네

밤비 사흘

주절주절하는 소리에

칠순의 내 눈 귀가 불러낸

저 두런두런 초록잎들

그렇지

말문 꽉 잠그고

으실락기*

또 피어야겠다

*으실락기: '다른 사람들이 예측 못한 것을 갑자기 말이나 행동으로 나타내는 모양'의 제주어

밥

친구들이 나에게

밥이라 한다

그래, 나는 밥이다

한여름 뙤약볕에 목마름 이겨내고

할퀴며 쥐어뜯는

비바람도 이겨냈다

한 톨 한 톨 내 낱알

드디어

용광로처럼 끓는 물

다 이겨내고

이 세상 밥이 되었다

사람꽃

눈뜨고 보는 세상이
바로 봄날이다
너도 꽃이고 나도 꽃이다
우리들은 모두 피어난다
향기가 난다

궁상떨기

이즈음 나의 시는 침묵을 앓고 무뚝뚝해졌다 탄력성을 잃었다 웬 형상이 그려지다가 무기력하게 입 다물고 돌아서 버린다 가뭄이 길어 농촌이 아우성이라는 뉴스가 끝나자마자 빗발이 창문을 두드린다 내 사유思惟가 급히 만발해진다 사물 하나 울타리를 넘나드는 게 들린다 오 누가, 무엇이 잉태될 것인가 펜을 단단히 움켜쥐고 기다린다 창밖을 서성이다 끝내 창문을 못 뚫은 시가 다시 돌아간다 아, 너의 침묵을 또 보았다 부디 처연한 상처를 입고 돌아갔기를 빈다

불면증

평생을 불러다 쓰는 잠이
부르면 다가와서 서성대는 잠이
낡고 비루해졌다

어디 갔다 다시 오는지 몰라도
요즘은 불러도 못 들은 척
하여간 청개구리 같은 내 잠

언젠가 세파가 잔잔해지는 날
내가 부르지 않아도
안개꽃처럼 피어나며
이 불면의 밤 데리고 떠나겠지

제2부

가을길 단상

누설의 끝

긴 세월 밤길 헤매는 나를 쌍심지 올리고 보던 별들이 이제 추레한 내가 별 볼 일 없는 듯 서서히 나를 누설하기 시작했다 가까이 있는 별이 나를 반짝이면 중간 별 먼 끝별까지 잇달아 나를 반짝인다 별들은 말을 하고 싶으면 반짝거리는 게 습관이다 별들이 반짝이는 건 다 대화다 별별 나의 이야기들이 펼쳐진다 밤하늘엔 잡설과 평설이 무성하다 별 하나 삽시에 한라산 너머로 떨어진다 별들은 저들끼리의 누설은 다 끝났는 듯 한 번 흠칫하고는 다시 평온하다 그래, 나에 대한 누설도 다 끝났을 것 내가 저리 떨어져도 그럴 것이다

겨울 장미

배신이라도 한 번 때려봐라

귀싸대기 갈기는 설한풍에
쓰러져 잠든 척이라도 하지

일편단심 곧추서서

누구를 기다리길래
송이 송이
겹겹이 뜬 붉은 눈

별꽃

그제 봤는데도 안 만난 척

어제 봤는데도 못 만난 척

꿈인 듯 그리움인 듯

밤하늘 별꽃

날 기다린 듯 오늘도 새로 피네

저 멀리 떠난 사람인 듯

내 안에 사는 사람인 듯

새벽, 신사수마을에서

바람이 빗겨주는 머리카락으로
갈 때를 예감하는 갯억새 쓸쓸하다
스산한 늦가을
나처럼 서쪽으로만 가야 하는
외롭게 늙은 달빛도 정처 없다

다시 새벽, 신사수마을 갯가
하루를 들어 올리는 하늘은 끙끙대고
긴 밤 지새운 갈매기 한 쌍
파도에 올라 행복을 저울이는데
낙엽으로 도두봉 기슭을 낙하하는
머리도 꼬리도 없는 세월

이쯤까지 살아온 업보가
갈 날이 멀지 않았다는 생각을 꺼내더니

갯바위를 치오르는 물결 속으로
무리지어 장렬히 산화한다

나도 나비처럼 날 수 있겠지
기어이 당도해야 할 저 먼 산기슭
이 바다를 품고 그리움들을 품고
바람 따라 하늘하늘 가야 하겠지

강

제주를 달리다 보면
흐르는 강물을 탄 듯하네

제주에서는 강*에 가야 일을 보네
강에 가지 않으면 할 일이 없다네

마트 강 둠비 상 오라
한라산 강 등산이나 허주
가는 곳마다 다 강이네
바당 강 구젱기 심엉 오카
학교 강 공부나 허게

육지서 온 사람들이 말하네
제주는 강이 많아 청정하군요

*강: 어디에 '가서'라는 제주어

가을을 신는 신발

신발장 속에서 귀뚜라미
낭랑한 소리로 세상을 읽는다

몸이 태워지며
마지막 능선을 치닫던
버거운 여름도 이제 산만해졌다

작은 우주 내 방 천장에
마냥 풀어놓은
오만가지 관념의 새끼들이
앞다투며 외출을 종용한다

주섬주섬 차려입고
나들이 준비를 마친 가을 하나
슬며시 신발장을 열었다
언제나 출발을 기다리는 신발들
가을을 반기는 눈빛이 초롱하다

변비에 걸린 시

펜 끝을 흘러나온 사유들이 세간에 질서 없이 널브러져 있는 동안 내 시들은 꼬리가 길어 밟혀 왔다 잡아당기기엔 이미 흘러간 물이다 꼬리를 줄여라 꼬리를 줄여라 한줄기 연약한 사유의 호소마저 집어삼킨 채 긴 세월 덫틀에 갖혀 엉킨 뱀의 무리처럼 허멩이문세*만 날름거리게 하던 내 낡은 사유들이 지금 심한 변비에 걸려 있다

*허멩이문세: '쓸모없게 된 문서'의 제주어

산나리꽃을 보며

비탈진 가시밭길 지나

벼랑 끝 바위에 새치름히 핀 산나리

바람이 달려들수록

꽃날개 뒤젖히며 가슴팍 더 내미네

일생을 걸고 핀 저 당당함

목숨 하나 겨우 달고

둥지 언저리에

어정쩡히 핀 나는 기가 죽네

저 붉은 꽃송이처럼

한생을 피었다 지고 싶은데

문득 보이는 세월

앞으로 갓 명령만 받았는 듯

나를 지나는 바람보다 앞에 서서

늙은 병정처럼 가고 있네

가을, 생각

마당에 서 있는 단풍나무는
바깥에서 생각을 그렸다
나는 집에 들어와 생각을 그렸다

생각은 생각 속에서
밤을 뒤척이며
제 몸에다 생각을 그렸다

생각을 품에 안은 세상은
가을, 미치게 사랑하다가
뜰에다 그대를 앓는다

나는 밖으로 나와
내 생각 훔쳐간 단풍나무를 본다
아, 가을이 운다

ᄇ름ᄃ᜴광 갈ᄇ름

ᄃ ᄀ득은 ᄇ름ᄃ᜴
나 대력* 서펜더레

눈 벌겅케 값구나마는
오는 새 웃인 이녁
저 ᄃ᜴ 보멍
ᄆ심이라도 보낸 셍

소로록
나 쿰에 드는
스리슬짝 갈ᄇ름*

*대력: 대신
*갈ᄇ름: 서쪽에서 불어오는 바람

뚜껑

누군가
나에게 물 같다 하기에
나는 물이구나 생각하다가

소중하게 부어내고
다시 채워두는 일을 생각하다가

누군가
나를 열어 놓는 그 누군가
마시고
사랑과 세상을 다시 채워
닫아 주기를 생각하다가

아 나는,
절제 능력이 부족한
다 쏟아지고야마는 빈 병

이만큼 살며

겨우 알아낸 생각

나는 뚜껑이 필요하다

다시 봄이다

한겨울 방구석
옹크린 수컷 하나
위장한 카멜레온처럼 눈알 굴리며
세상을 곰곰이 헤아리고 있었네

비루하거나
분수를 넘는 생각들이
앞서거니 뒤서거니 시시덕거리며
때로는 꽃대궐
때로는 황폐 속을 스쳐지나왔네

다시 봄이다
솟구쳤던 한 올 한 올 생각들
머리카락을 타고 나와 세상에 안기는데
이미 죽어버린

젊은 날의 생각 몇 올
바람에 날리며 떨어져 나가네

마당 구석
속눈썹이 긴 명자꽃
시붉은 꼬리질을 해대고
머리에 은빛 연륜이 눈부신
수컷 하나
슬그머니 꽃대궐을 떠올리네

나 꺼

현관에 있는 내 신발
구두 둘 운동화 한 켤레

오랜만에 한 사흘 눈이 내렸네
곱게 차려입어야 할 이틀간
구두 두 켤레가 번갈아
나를 정중하게 인도해 주었네

눈 묻은 사흘째
현관에 나오는 나를 비룽이* 보는 운동화
난 누게 꺼우꽈
나도 눈길을 걷고 싶은데
한다

옷차림에 어울리지 않아도
운동화를 신고

눈길을 한참 밟았네
나 껀데

* 비롱이: '빠끔히'의 제주어

향기

세상에 나와
꽃밭에서 살았네
내가 만난 사람들
고운 꽃들이었네
그 틈에 나도
피었다 질 때 됐네
내 꽃도
향기가 났을지 몰라

목심이여 안녕

일른 나문 해

날 드련 뎅긴

목심광 마주 앚앗다

그 어이

이녁

잘도 하영 속앗저

날도 주물아 가고

이제 이녁도 보내곡

나도 가사키여

이녁도 갈 디가 싯고

나도 갈 디가 이시난

멩심ᄒ영 가라

제3부
_____

그림자

허공

동지섣달 모진 바람을
중력으로 둥글게 버티던
마당의 재래감 한 방울

허공의 힘이 기어이
가지에서 손을 놓게 한다
그림자가 얼른 품는다

나도 우주의 공간에 있다
허공을 잡은 팔에 온 힘을 준다
바둥바둥 매달린다
그림자도 매달린다

흐린 날

한낮인데
어스름하다

온갖 상념 몰려와도
소중한 것 하나 잃어버린 듯한 느낌
허전하고 외롭다

해를 가렸던 검은 구름
잠깐 가슴을 열었다
순간, 하늘에서 떨어져
나를 붙잡는 내 그림자
그래, 나는 혼자가 아니다

동반자

오늘도
눈 뜨이니
날 떠밀며
일으키네

이리 기웃
저리 기웃
세상과 눈 맞추게 하네

언젠가
함께할 긴 잠을
등에 진
내 그림자

모르는 사이

내 그림자는
나에게 할 말이 없다

내가 무엇을 물으면
같은 말 되물을 뿐
대답하지 않는다
나도 나를 잘 모르기 때문에
그림자도 나를 알지 못한다

그래서
우리 서로가
잘 모르는 사이다

오늘은 집콕

오늘은 약속 없어 정처 없을 날
어둑한 골목에서는 맥을 못 추는
내 인생의 공범 내 그림자
내리 사흘 술에 지친 모양이다

해 질 녘 하늘은 맑은데
길고 걸쭉해진 내 그림자
풀죽은 목소리로 말한다
- 오늘은 날씨도 춥고
  세상도 어수선하니 집콕 합시다

내 그림자도 나이가 들어간다

내 그림자는 내 빛

내 그림자는
문득문득 솟구치는 생각을 좇아
쏘다니기를 좋아한다

가끔
보이는 꽃과 함께 피고 지기도 한다
내 그림자는
탑동 파도 소리와 친하고
한라산에 잠시 앉은 구름을 반기며
밤하늘 적막 소리와 대화를 좋아한다

나와 똑같이 술잔을 들면서도
내 그림자는
어둠과 밤안개 새벽이슬 속에서
나를 부축하고 일으켜 세운다

나보다 더 나를 잘 안다

무작정 나를 좋아한다는 것

내 그림자는 나의 희망이며 빛이다

철쭉꽃 한 송이

현관 앞에 유난히 붉은 철쭉꽃 한 송이 때늦게 피어나자 둔감한 내 사유^{思惟}도 퍼뜩 피어나 나를 들이대며 관찰하기 시작했다 꽃잎에 흰나비 앉는다 바람이 비틀비틀 앉는다 요즘의 내 사념이 따라 앉자 내 여자가 앉는다 어젯밤 떨어진 별똥별이 돌아와 앉는다 사흘 후 꽃의 안색이 변했다 아프다는 표정이다 기어이 떨어지며 그림자를 덮는다 내 사념을 배회하던 별똥별이 떨어진다 내 여자가 떨어진다 내가 떨어진다 내가 알았던 많은 사람들이 떨어진다 아, 다들 꽃이었다며 떨어진다.

그림자에게

내가 없으면 너도 없고
내가 있으면 너도 있지
한 천 년 속세를 다니며
어느 갯가에 앉은 갈매기
어느 오름에 앉은 구름
나도 보고 너도 보고

어느 누가 보고파서
어느 사랑이 슬퍼서
내가 울고 너도 울고

그러나 우리 있잖아
나 죽고 너 살아
한 천 년 더
세상을 품고 와서
내게 말해 줬으면 좋겠어

제주공항에서

눈 감고 착륙을 맞으려는데
제주공항 활주로 돌풍 탓
귀를 찢는 굉음과 함께
연달아 두 번의 복행

맞잡고 땀이 흥건한 양손
나보다 더 놀라던
기내 조명등 아래 내 그림자

기어이 착륙하고
공항 대합실을 나선다
끝내 날 놓지 않았다며
입을 배시시 여는
서늘한 내 그늘의 웃음

곱을락

고븜재기* 홀 사름 이디 부뜨라

나 안주왜기손가락*에
나 그림제가 부뜬다

저 마당에 강 ᄒ게
아니, 이 폭낭 아래서 ᄒ게

나영 나 굴메기 ᄃ툰다
하늘은 묽고
폭낭 굴메*가 더 거멍ᄒᆫ 날

*곱을락·고븜재기: '숨바꼭질'의 제주어
*안주왜기손가락: 검지손가락
*굴메: 그림자

또 하루를 산다

오늘은 종일 맑은 날
짧았던 정오의 섭섭함을 잊으려
몸부림치며 서산으로 해를 밀었다

길어진 내 그림자
빌딩 벽을 타고 오른다
설마 이쯤에서 떨어지려는 건 아니겠지

조심하라고 손을 흔드니
걱정 말라며 되흔들어 준다
나를 가장 잘 아는 또 하나의 나
나를 붙들고 또 하루를 산다

그날

그림자가 나를 떠났다
나도 떠났다

한줌의 재가 된 몸체
땅속으로 스미고 나니

땅이 빛을 발한다
내 그림자
하늘을 딛고 섰다

나 다시 필 거야

가뭄과 칼바람에 시달리던
언덕배기 새비낭* 한 그루
늦가을 어느 날
모질던 목숨 기어이 놓는다

꿈길인 듯 가는 길
숲이 낙엽 떨구며 통곡하는데
그림자 없는 놀빛 새비낭 영혼
무의식의 언어로 말한다
– 울지 마! 나 다시 필 거야

*새비낭: '찔레나무'의 제주어

굴메

혹교 갈 때 흥글흥글 뜨라와요
집이 갈 때 졸락졸락 뜨라와요
나가 푸더지민 굳이 푸더지곡
나가 줍을 자민 혼디 줍을 자요
툴락툴락 엄마영 시장 가는 질
굴메도 엄마 손 꼬옥 심엉 가요
굴메는 날 잃어불어지카부덴
나 가는 딘 아무디나 뜨라뎅겨요

제4부

우리 집 돌울담

우리 집 돌울담

시린 등으로 모진 풍파 견뎠네
긴 세월
멧비둘기 꾹꾹 앉았다 가고
까마귀 검은 노래 부르다 갔네

할아버지가 쌓았다니 어언 백 살
키는 점점 작아져 가고
세월이 굽은 등 어루만져 주는데

약속대로 봄이 또 찾아왔네
익숙한 몸짓으로
마당 가득 햇살을 가두어 놓네
담벼락에 기대어 졸고 있던 아기민들레
화들짝
초롱한 첫 눈을 뜨네

춘몽 春夢

빨리 일어나라

하늘에서 내려오신 어머니

얼른 말하고 가신 후

저쪽 방에서

초봄이 벽장을 두드리기 시작했다

이제 내가 해야 할 일

뼈가 되고 살이 되는 하루를

자근자근 뜯어먹는 일

나는 군소같이 언제나 더디다

해가 벌써 외길로 중천을 넘어선다

잡아당길수록 더 서쪽으로 간다

사방을 다 가진 하늘도

손이 없는 듯

어쩔 도리가 없다

햇살이 뭐라 했을까

마당 구석 개나리

하늬바람에 북북 찢겨진 상처에서

배곯은 입인가 꽃 하나 펼쳤다

그래 나도 너처럼 입 크게 벌려

저 하늘에 뜬 꿈이나 먹어야겠다

각시야

하늘과 땅 사이 당신 있네

하늘을 들어올린 당신 있네

당신이 아파 눕거나 엎어지면

하늘과 땅이

부딪칠까 봐 깜짝깜짝 한다네

당신이

홀연히 어디 가버리고 없어지면

세상 무너져 버리고 만다네

당신이 있어야

하늘과 땅 사이

꽃들도 방긋방긋 피는 것이네

장마 ᄀ리에

　느네 어멍 죽은 때도 영 마가 들어라. 옷 믄 적져 불젠 삼방ᄁ장 비가 뻼광, ᄒ꼼 쉬멍이라도 오주마는 그자 ᄒ장옷이 왐시녜

　느넨 두린 때라노난 잘 몰를 거여마는, 옛날 막 ᄀ물안 홀 땐 허벅으로 내창물 질어당 밧디 주곡, 느네 어멍 잘도 고생ᄒ고 얼먹엇저. 느네 멕이젠 ᄒ난 느량 놈이밧 삭검질 매여뎅인다, 소낭밧디서 솔닙 긁으곡 산이 낭 ᄀ차당 장이 강 풀곡 ᄒ젠 ᄒ난 ᄒ 시를 못 앚앗저

　삼춘, 그만 ᄀ릅서. 경 ᄀ라가난 빗살도 더 커졈수게

칠순七旬이 일순一瞬이다

육중한 적막의 밤 인생을 아느냐는 듯 검은등뻐꾸기 호 호 호 훗 짧은 뜻 남기고 침묵으로 사라진다 이불 속에서 슬쩍 돌아눕자마자 언뜻 일어선 내 쓸쓸한 사념이 얼마큼 살았을까 헤아리려 또 돌아눕는 순간 검은등뻐꾸기가 남긴 말을 알아냈다 칠순七旬이 일순一瞬이다

우리 각시

세상에서 제일 고왔지
코스모스 같기도 했고
이따금 장미처럼 피기도 했지

쌓이는 세월에 눌려 주름져도
문득문득
수선화 향기도 났지

이즈막엔
말 못하는 천사 손녀 희연이 대신
이건 코스모스 이건 수선화
저기 장미꽃 피었네 하며
살가운 천사놀이를 하지

가냐귀

까옥까옥 깍깍

봄날 아척 가냐귀

마당 울타리에서

우리 어멍추룩 웨우른다

못 들은 첵 뭉케던 아이

까악깍 까옥까악

오십 년 지난 이제사

잘 알아들언 확 일어낫주만

갈중이 입고 골겡이 들럿던

우리 어멍은 웃네

일흔 살, 전기傳記

나를 훑고 지나간 바람들
탈모증 있는
저 새별오름 대하듯
내 정수리 꼭 할퀴고 갔지

사는 동안
사연 많다고
책 몇 권 채우겠다 싶었는데

내 몸
꼭대기 좀 시려도
하늘 아래 아직 오롯하네
새벽녘 첫울음 터트린 후
이제금 돌아보니
칠십 년 동안 별일 없었네

어머니 제삿날

사월 초파일

아버지와 합제한 어머니 제삿날

텃밭 팽나무도

가지가지 새싹 눈을 떴어요

어머니가 보고 싶어서지요

마당의 단풍나무,

담쟁이를 입은 장독,

꽃눈물 다 떨군 동백 앞에서

흰머리 날리는 나,

오래전 어머니 눈 속에

다 들어있던 것들이

어머니를 보고 싶어서지요

예순일곱, 청개구리

비 오는 날
탑동 주막집을 생각하며
철없는 예순일곱이 길을 나서는데
오월 장마 들앉아
꽃들이 울고 있는 마당으로
청개구리 하나 들어선다

하늘에 사시는 어머니
비를 타고 내려오셨나 보다
살아계시는 동안
잘못된 나를 품고 꼭꼭 감추시더니
그 모습으로 환생하셨나

이 빗줄기에 어디를 나가니
갸갸갸갸 빤히 쳐다본다
그래도 등 돌리고 나서는 발걸음
예순일곱 살 청개구리

폭낭 우티 가냐귀

놀게기 제우 흥글어 뎅이는
우리 폭낭 우티 가냐귀
느량 날 바력바력ᄒ는 저 가냐귀
우리 어멍 살아실 때 봐 난 가냐귀다

까옥 까옥 소리는
조팟디 앚인 생이 다울리던
우리 어멍 쉰 목청이다

하늘러레 올르는 폭낭 가젱인
콩밧디 든 장꿩 훙이던
우리 어멍 거치른 손이다

아니다 아니다
우리 폭낭 우티 저 가냐귀

날 두고 느시 못 떠나는

시상더레 칭원훈 우리 어멍이다

무사꽈

어멍이 멩글아 준 나이가
독므릅에 하영 들어앚인 생인고라
오몽홀 때마다
둔직ᄒ연 철룩거리는 요ᄀ리

오널은 ᄇ름 센 날
서러레 터박터박 걸어간 헤가
도들오름 넘어산 벌겅케 털어져 가고

나 소곱에 사는 젊은 소나이 ᄒ나
ᄂ시 안 오는 누겔 지드렴신가
몰레물 갯ᄀ디 소주펭 들런 앚아수다

헤지기붉음 아래
바당이
비눌 몬 벳겨지멍

브롬광 투작투작 ᄒ는디

젊은 소나이는 흔숨이우다 나 무사꽈

버리기

게으른 나를 잔소리로 묶어놓더니
오늘은 아내가 십여 년 만에
허름한 내 서재 정리에 앞장선다
여기저기 널브러진 각색의 종이들
"이건 뭐우꽈? 저건 또 뭐고"
오래 뒹구는 내 작품 초안들인데
"보난 어지렁만 ㅎ우다
 익도 안ㅎ는 저 책덜광 ㅎ디 다 데껴붑서"
큰 비닐봉투에 눌러 담는다
감사패 공로패 여러 가지 기념패들
"씰데읏인 것덜 다 버립서 뭣에 쓰쿠광"
종량제 자루에 꾹꾹 담아 넣는다
– 아, 저것들 한줄기 내 영혼들인데
"내가 잘 분류하며 정리할게"
"아까왕 말앙 데껴붑서 다 쓰레기우다
 혼저 혼저 흡서게 연속극 홀 시간 뒘수다"

- 그래, 다 버려야지 예순여섯이나 버렸는데
　이제 내 출연시간이 다 끝나는 모양이군

어머니를 다시 보내며

그립던 어머니를 26년 만에 만났다
오등봉 옆 산소에 누워 계시다가
2025년 양력 6월 15일 새벽 세시 반
나와 마주하여 세상을 다시 보는 어머니는
예전처럼 여전히 고우셨다

작은 칠성판에 눕고 명정에 덮인 어머니를
가슴에 부여안고
양지공원 화장터 가는 길
어머니, 어머니, 우리 어머니
불러보며 불러보며 울었다

바람과 풀숲이 어울려
가슴 아렸던 어머니의 인생을 두런거리고
잠시 이승을 스쳐가는 저승길도
나와 함께 성큼성큼 걸어주었다

양지공원을 나와

봉개 문중 세장산*을 향하는 차 속

내 무릎에 앉은 따스한 봉안봉지*가

어머니의 체온인 듯 스며든다

한줌 재로 가벼워진 어머니

어느 하늘에서든 훨훨 날으시겠다

*세장산: 문중의 묘역

*봉안봉지: 유골 화장한 재를 담은 봉지

각시신디

나 눈 소곱에
이녁이 살암시난
나 귀 소곱에
이녁이 살암시난

나는 눈금아도
이녁을 봐질 거라

저 산 넘엉
멀리 강 셔도
이녁 목청 들릴 거라

제5부

장마와 목각인형

장마와 목각인형

올여름엔 울어도 되겠지요
이제 그만 메말라야겠어요
당신의 옷깃을 살폿 얼만지던
내 청춘 한 무대가
나를 뿌리치며 창밖에 펼쳐지더니
열흘 넘게 저리 슬픈 공연을 하네요

꽃잎 분분하던 한라산도 웁니다
뒤안길 내 명치끝처럼 웁니다
가풀진 산마루를 닦달하는 천둥 번개가
아스라한 기억마저 조각내네요

붙들지 못한 일탈은 갈대였어요
좌심방 어디쯤 정답을 구겨놓고
아집의 내 사랑은 그걸 펴지 않더군요

갈등의 미립자들 저리 흩뿌리며
이제 펑펑 다 울어도 되겠지요

그날들 삼켜둔 본류의 눈물샘
올여름엔 기어이 말려야겠어요
이윽고 나는 메말라가는 목각인형
살가운 당신 옷깃에 스며들지 않게
바람 속 빗금으로 저렇게 울겠어요

헤지기붉음

시상에 나완

꼿밧디서 살앗네

꼿을 좋아ᄒ당 보믄

꼿이 뒌덴 ᄒ관테

물로 막아진 돌아섬에서

어떵어떵 존뎌왓네

겐디, 오널 ᄒ루도

ᄂ시 서러레 가고

소들아가는 나 꼿섭더레

불 닮은 청춘 삐여대는

저 도들오름 헤지기붉음*

＊헤지기붉음 : '저녁놀'의 제주어

설유화 雪柳花

그대를 생각하다 잠이 들면
저렇게
눈부신 꽃이 피어버리는 거였구나
눈 덮인 밤 도시의 미끄러움을 타고
접을 수 없는 운명의 날개 파닥이며
그대 생각 속으로 잠을 몰고 갔었네

제 몸 떠난 종소리가 허공으로 사라지듯
긴긴 밤 하얗게 밝히며
그대 생각 속으로 줄줄이 들어가 사라진
내 백혈구들의 끈끈한 몸짓이라네

버들가지처럼 휘늘어서서
그대 생각 속에 잠든 나
봄밤 해무 속 품처럼 아늑하더니

나의 시간과 너의 시간이 마주하여

너의 눈물과 나의 눈물이 피었네

그리움이 모여들면 저렇게 피는구나

어차피 찰나일지라도

저건 분명, 선명한 우리들 꿈속이라네

그대 이름 속에

오늘도 그대 이름 속에 들어가 앉았다

세상의 모든 그리움이 몰려든다

미처 말하지 못한 나의 고백들이

이름 속으로 들어오려 기웃거린다

목이 쉬고 애가 타고

오한과 몸살을 앓고 있는

그 언어들이 기웃거릴 때

그대 이름 속에 앉은 나는

눈에서 나오는 푸른 섬광의 슬픔을

눈물이다 한 토막, 잊어라 한 토막 베어낸다

그대 이름 속은 언제나 가을이다

떨어지는 게 낙엽만이 아니다

그대를 그리며 봐오던 별들이

내 맘처럼 서서히 차오르던 달들이

수많은 상념을 낳으며 떨어진다

가을바람이 문을 두드리며 지나간다

문을 열면,

해끔한 얼굴의 그대가 먼 곳에 있다

오늘도 그대 이름 속에 그대는 없고

또아리 틀고 동이 선 꽃으로

나는 목숨처럼 외로이 앉아 있다

가을 눈물

여름은
내 땀방울에게 미안한 듯
어느 새벽
살그머니 길을 떠났다
그래, 어차피 삶은 이별인데 뭘

색칠 마친 가을이
지친 듯 비치적거린다
하늘은 아직 선연한데
그렁그렁한 눈물 하나둘 떨구는
숲의 모습이 처연하다
절차를 마쳐가는
깊은 가을
낙엽 굴리는 바람의 자진모리 몸짓

저리 많은 눈물은

처량하게 부르는

까마귀의 이별가 탓

인생의 희비는 잎새 하나 차이란 걸

남는 것들과 떠나는 것들의 표정에서

조목조목 읽을 수 있지

가을을 좋아하는 그 사람

꽃밭이라는 인생을 가르쳐 주고

한라수목원에 들어간지 꽤 오래인데

나오는 기척이 없다

어쩌면

이별이 서러워

떨어진 추억들을 울며 줍고 있는지 모른다

모른다 라는 내 관념이

마지막 떨어질 잎새를 닮아 가는데

가을을 다 울어버린 배롱낭

판토마임 배우로

빈 손 인생을 연기하기 시작한다

이녁 셍각

눈이 와도

이녁 셍각

비 와도 이녁 셍각

나 셍각은 그자

서러레 돋는 보름돌

뒤뜰에

울럿이 앚인

프랑스 조각가 로댕

너꽃

또다시 봄 됐다
오만 가지 꽃 피었다
하나씩 잊혀져 가는 꽃 이름들

오직 하나
잊히지 않고
늘 피어 있는 꽃 하나 있다
그건 너, 그 이름 너꽃

뚝

한 가닥 목숨 짧아질수록
내 시도 짧아져 간다

이즈음
안개꽃 한아름 품은
여자를 만났지만

뚝!
한 글자의 제목
한 글자의 시가
장미꽃으로 뜬 내 눈을 보며
안개비처럼 운다

뚝!

내 안에 사는 그대

자꾸 나를 찾아드는 여자,
폰 속 그녀의 주소를
가을 숲길 같은 내 안으로 이전시켰다
다가오던 겨울이 순식간 녹고
구석구석 봄이 꿈틀거린다

이제 내 안에 사는 그대
당구장에 술집에 낙화하는 벚꽃길에
미지의 꿈길에
내 손 꼭 잡고 다니는 그대
오늘은 봄비 우산 속
라일락꽃 무더기로 피워 올린다

가을바람

이즈음
방에 들앉아
잠과 꿈으로 산다
긴 잠을 미리 연습하는 것과
소년이 되어 세상 시작하는 꿈

내 잠과 꿈을 비집고
가을 태풍 온다는 전갈
천둥 번개
날 세우며 날아들고

산등에 숨었던 낡은 비
굵은 주름살처럼
허공을 검스레 긋는다
창가에 닿는 바람이 차웁다

해설

이면의 서사에 나타난 사유의 깊이

김신자(시인, 제주대 강사)

해설 ────── **이면의 서사에 나타난
사유의 깊이**

김신자

(시인, 제주대 강사)

1.

 양전형 시인은 1994년 불혹의 나이로 등단 후 시력 30년을 넘기는 동안 11권의 시집 발표와, 제주어 문학의 선두주자로서 『제주어 용례사전 Ⅰ·Ⅱ·Ⅲ·Ⅳ』, 최초의 제주어 장편소설 『목심』을 통해 제주 문학사에 튼실한 한 획을 그어 주었다. 이는 그가 일상에서 자연으로, 자연에서 인간의 세계에 이르는 폭넓은 소재에 대한 깊은 탐색을 통해, 삶의 심연과 존재의 원리를 꿰뚫는 치밀한 사유의 궤적을 오롯이 보여주는 작품을 일관되게 생산해 내었기 때문에 가능한 일이었다. 7년 만에 발표하는 12번째 본 시집 『나 다시 필 거야』 역시 그동안 지향해온 내면 구조의 특징들을 잘 간직하는 동시에, 존재의 시공간이

확장된 사물과 자연에 대한 더욱 세련된 인식과 그 인식을 통한 자아 성찰의 심상을 실감나게 형상화하고 있다.

 특히 이번 시집은 뒷날에 불어올 죽음의 바람도 감지할 수 있지만, 죽음에 대한 공포라든가 허무에 대한 걱정은 보이지 않는다. 특이한 것은 죽음을 노래하면서도 그것을 바라보는 시선이 차분하게 안정되어 있고 생각의 흐름이 허무주의로 귀착되지 않는다는 점이다. 오히려 그것은 모든 생명체가 죽음을 껴안고 있으며 그것은 생명을 가진 존재의 숙명이라는 인식에 도달함으로써, 죽음의 공포에서 벗어나고 허무의식에서 벗어날 수 있는 하나의 계기를 이룬다. 나이 들어가는 것을 인식하고 그 아쉬움을 노래한 양전형 시인의 시편들이 그와 같은 세대의 사람들에게 큰 공감을 줄 것이라는 사실도 부정할 수 없다. 그러면서도 필자는 시인이 스스로 나이 들어간다는 생각을 훌훌 떨치고 저 영혼의 새처럼 가볍게 비상해 줄 것을 기대한다.

  하늘이 너에게 매달려
  하늘거리는 거 좀 봐
  땅바람이 너에게 붙들려

버둥거리는 거 좀 봐

하늘 보며 하늘천 한 송이
땅을 보며 따지 한 송이
늦여름 울담 그늘
분홍 입술 달싹이는
나직나직 너의 목소리

- 「봉숭아」 전문

    시인은 첫 구절부터 일상의 질서를 바꾼다. "하늘이 너에게 매달려/ 하늘거리는 거 좀 봐"는 자연의 거대한 힘(하늘과 바람)이 봉숭아에게 매달리고 붙들리는 역전된 주체-객체 구조를 통해 봉숭아의 존재감을 극대화한다. 우리가 하늘을 바라보는 게 아니라, 하늘이 꽃에게 매달린다. "하늘거린다"는 표현은 단지 흔들림을 의미하는 게 아니다. 하늘이 이 작은 꽃에 몸을 기댄 듯, 바람결에 묻힌 듯, 세상이 이 꽃을 중심으로 가볍게, 그러나 절실하게 돌아가고 있음을 말해주고 있다. 꽃을 둘러싼 세계가 그 꽃에 기울고, 말을 건네고, 기대고 있다. 이것은 자연을 향한 존중의 시선, 그리고 존재의 크기를 새롭게 보는 시인의 감각이라 할 수 있다. "땅바람이 너에게 붙들려/ 버둥거리는 거 좀 봐" 이번에는 땅과 바람이다. "붙들린다"는 말은 누군가를 꽉 쥐고 있다는 뜻이기도 하지만, 여기서는 마음을 놓지 못하고 머물게 되는 상태처럼 느껴진다. 바람은 원래 어디든 흘러 다니는 존재다. 하지만 봉숭아 앞에서는 그조차 멈칫하고, 가볍게 흔들리다 결국 버둥거린다. 그만큼 이 꽃은 단순한 식물이 아니라, 자연의 시선과 감각을 끌어당기는 중심점으로 자리 잡는다. "하늘 보며 하늘천 한 송이/ 땅을 보며 따지 한 송이" 이 대목에서 시인은 봉숭아를 배움의 언어와 연결시키고 있다. "하늘천 따지"는 어린 시절 칠판 앞에서 소리 내 읽었던 그 첫 기억이 작고 앙증맞은 봉숭아 꽃잎과 겹친다. 한 송이는 하늘을 향하고, 또 다른 한 송이는 땅을 본다. 그렇게 봉숭아는 하늘과 땅 사이에서 세상을 배우는 작은 '글자'가 된다. "나직나직 너의 목소리"는 소리의 질감이 감정의 농도와 맞닿아 있음을 보여주는 언어 사회적 표현이다. 꽃이 '나직나직' 말하는 것은 단순히 작은 소리가 아니다. 그 말에는 속삭임의 정서, 거리의 친밀감, 삶의 섬세함이 담겨 있다.

양전형 시인은 그런 감각을 통해 독자가 '봉숭아'라는 존재를 감상하는 데서 나아가, 대화의 주체로 받아들이도록 초대한다. 이처럼 이 시는 보는 시가 아니라, 듣는 시이고, 보다 근본적으로는 말을 건네고, 말을 듣는 시다.

2.

   시는 영혼의 외출이다. 맨마음이고 맨정신이고 내 안의 무의식까지 홀딱 다 보여주는 투명 빤스다. 이런 시를 쓰는 전범典範인 양전형 시인의 시는 연상이 연상을 낳는 의식의 흐름을 유려하여 소리 내어 읽다 보면 독자의 마음에도 종이 운다. 종소리가 멀리 울며 퍼지는 것은 종이 속으로 울기 때문이다. 외부의 충격에 겉으로 맞서는 소리라면 그것은 종소리가 아닌 쇳소리일 뿐일 것이다. 종은 문득 가슴으로 깨어나 내부로 향하는 소리로 온몸을 드러내어 가슴소리를 내고 그 소리로 다시 가슴을 쳐 울음을 낸다. 그렇게 종이 울면 큰 산도 따라 울어 큰 산도 종이 되어주고, 종소리는 멀리 퍼져나간다.
   독자의 마음에 종이 운다는 건, 분명 시의 깊은 울림이다.

    평생을 불러다 쓰는 잠이
    부르면 다가와서 서성대는 잠이

낡고 비루해졌다

어디 갔다 다시 오는지 몰라도
요즘은 불러도 못 들은 척
하여간 청개구리 같은 내 잠

언젠가 세파가 잔잔해지는 날
내가 부르지 않아도
안개꽃처럼 피어나며
이 불면의 밤 데리고 떠나겠지

-「불면증」전문

바람이 빗겨주는 머리카락으로
갈 때를 예감하는 갯억새 쓸쓸하다
스산한 늦가을
나처럼 서쪽으로만 가야 하는
외롭게 늙은 달빛도 정처 없다

다시 새벽, 신사수마을 갯가
하루를 들어 올리는 하늘은 끙끙대고
긴 밤 지새운 갈매기 한 쌍
파도에 올라 행복을 저울이는데

낙엽으로 도두봉 기슭을 낙하하는
머리도 꼬리도 없는 세월

이쯤까지 살아온 업보가
갈 날이 멀지 않았다는 생각을 꺼내더니
갯바위를 치오르는 물결 속으로
무리지어 장렬히 산화한다

나도 나비처럼 날 수 있겠지
기어이 당도해야 할 저 먼 산기슭
이 바다를 품고 그리움들을 품고
바람 따라 하늘하늘 가야 하겠지

- 「새벽 신사수마을에서」 전문

오늘도/ 눈 뜨이니/ 날 떠밀며/ 일으키네
이리 기웃/ 저리 기웃/ 세상과 눈 맞추게 하네
언젠가/ 함께할 긴 잠을/ 등에 진/ 내 그림자

- 「동반자」 전문

나이가 들어 죽음이 저 앞에 놓인 것이 보일 때, 대부분의 사람들이 취하게 되는 행위는 자기 자신을 돌아보는 것이다. 내가 어떻게 살아 왔으며 지금 어떻게 살고 있는가를 살펴 죽음 앞에서도 부끄럽지 않은 자신의 모습을 보여주려 한다. 시인들의 경우 자기 자신을 인식할 때 대체로 부정적인 경향을 띠는 수가 많다. 그것은 자신의 실체를 정직하게 인식하려는 자세에서 말미암는다. 이 황잡한 세계 속에서 생을 이끌어간다는 것은 그 자체가 부끄럽고 죄 많은 일일지 모르기 때문이다. 양전형 시인 역시 그의 시 「불면증」, 「새벽 신사수마을에서」, 「동반자」, 「목심이여 안녕」에서 스스로의 모습을 "낡고 비루해진 청개구리 같은 잠", "외롭게 늙은 달빛", "나비처럼", "바람 따라 하늘하늘 가야", "함께할 긴 잠", "그림자" 등으로 묘사하고 있다. 이러한 자기 인식은 물론 침통한 것이다. 그러나 자신의 실체를 확인하고 죽음 앞에 자신의 의연한 모습을 보여주기 위해서는 이 고통스러운 작업을 지속할 수밖에 없다.

    가뭄과 칼바람에 시달리던

    언덕배기 새비낭 한 그루

    늦가을 어느 날

    모질던 목숨 기어이 놓는다

    꿈길인 듯 가는 길

숲이 낙엽 떨구며 통곡하는데

그림자 없는 놀빛 새비낭 영혼

무의식의 언어로 말한다

울지 마! 나 다시 필 거야

- 「나 다시 필 거야」 전문

  이 시는 늦가을 어느 들녘에서, 시들시들 죽어가는 새비낭(찔레나무)을 발견하고 쓴 시이다. 이 시집에는 알레고리의 기법을 사용한 작품이 상당히 많은데 이 시 역시 새비낭을 통하여 인간의 삶과 죽음에 대한 문제를 대신 나타내고 있다. 찔레나무가 한때는 예쁜 꽃과 향기로운 냄새로 오고 가는 사람들을 스며들게 하였지만, 어느 순간 죽음을 맞이하게 된다. 이러한 모습에서 시인의 자의식은 당연히 죽음의 문제에 관심을 갖게 하고 "모질던 목숨 기어이 놓는다"에서 결국은 덩달아 피고 지는 게 인생도 '화무십일홍'이라는 것이다.

  죽음은 쓸쓸한 가을처럼 온다. 손으로 감촉할 수 없는 무색, 무형의 것이지만 누구에게나 평등하게 다가온다. 그 죽음의 세계는 기쁨도 슬픔도 없는 무정無情, 무감無感의 영역이다. 무색, 무욕, 무정, 무감의 세계를 저 앞에 두고 회색으로 바래져 가는 한 시대를 살고 있는 시인은 고개를 돌려 젊음을 그리워하기도 하고 순수와 영원에 대한 갈망을 노래하기도 한다. 노년의 문턱에 들어서서 젊음의 지나감을 아쉬워하고 죽음의 기미를 저 너머로 엿보면서 영원을 꿈꾸는 것이 모순 같지만, "울지 마! 나 다시 필 거야"라는 구절에서 오히려 자신의 진정한 길을 찾겠다는 의지 또한 만만치 않은 질량으로 솟아오른다. 시인의 고고한 품성을 발견할 수 있고, 남은 자들에게 깊은 위안을 주는 인간적인 모습으로도 다가온다.

> 그대를 생각하다 잠이 들면
> 저렇게
> 눈부신 꽃이 피어버리는 거였구나
> 눈 덮인 밤 도시의 미끄러움을 타고
> 접을 수 없는 운명의 날개 파닥이며
> 그대 생각 속으로 잠을 몰고 갔었네
>
> 제 몸 떠난 종소리가 허공으로 사라지듯
> 긴긴 밤 하얗게 밝히며
> 그대 생각 속으로 줄줄이 들어가 사라진
> 내 백혈구들의 끈끈한 몸짓이라네

버들가지처럼 휘늘어서서

그대 생각 속에 잠든 나

봄밤 해무 속 품처럼 아늑하더니

나의 시간과 너의 시간이 마주하여

너의 눈물과 나의 눈물이 피었네

그리움이 모여들면 저렇게 피는구나

어차피 찰나일지라도

저건 분명, 선명한 우리들 꿈속이라네

- 「설유화雪柳花」 전문

오늘도 그대 이름 속에 들어가 앉았다

세상의 모든 그리움이 몰려든다

미처 말하지 못한 나의 고백들이

이름 속으로 들어오려 기웃거린다

목이 쉬고 애가 타고

오한과 몸살을 앓고 있는

그 언어들이 기웃거릴 때

그대 이름 속에 앉은 나는

눈에서 나오는 푸른 섬광의 슬픔을

눈물이다 한 토막, 잊어라 한 토막 베어낸다

그대 이름 속은 언제나 가을이다

떨어지는 게 낙엽만이 아니다
그대를 그리며 봐오던 별들이
내 맘처럼 서서히 차오르던 달들이
수많은 상념을 낳으며 떨어진다
가을바람이 문을 두드리며 지나간다
문을 열면,
해끔한 얼굴의 그대가 먼 곳에 있다
오늘도 그대 이름 속에 그대는 없고
또아리 틀고 동이 선 꽃으로
나는 목숨처럼 외로이 앉아 있다

- 「그대 이름 속에」 전문

'너', '그대'는 무수한 것들을 대입할 수 있는 N의 자리이다. 이 시에서 그것은 '시' 자체를 환기하는 강렬한 메타포로 읽힌다. 아니, 타자와 더불어 쓰이는 시에서 너는 이미 '나'이며 '시'이다. 그 사이에 간극은 있을지언정 하나를 위해 다른 하나를 지우거나 괄호로 묶는, 혹은 군림하거나 억압하는 위계는 없다. 이 시는 분명 시 쓰기 작업에 얽힌 시인의 진솔하고 투명한 사유의 단상을 생생하게 접해볼 수 있는 측면이 있지만, 무엇을 대입해도 어색하지 않은 유연한 탄력성을 지녔다. 그리하여 시인에게 시란 무엇인가, 그것은 그 자체로 아직 당도하지 않은 미지의 타자이다.

허망한 언어를 뱉지 않기 위해, 실재에 닿지 못하는 허접한 말놀이를 피하기 위해 시인은 긴 시간과 싸워야 했다. 그렇게 씹어 삼킨 언어들은 자신도 모르게 이미 시인의 '그대 이름'에 '꽃'으로 놓여 있다. 그러나 그것은 아직 발설되지 않은, 발설하지 말아야 할 작고 연약한 순백의 '꽃무더기'이다. 그것을 온전히 맞이하기 위해 시인은 "오한과 몸살을 앓으"며 기다리는 것이다. 「헤지기붉음」, 「이녘 생각」, 「가을 눈물」, 「내 안에 사는 그대」에서도 그러하듯이, '붉음'이란 "고통의 생기"이며 "고통의 희망"이다. 시가 되기 위해, 너에게로 가기 위해 극한의 경계를 건너는 일이다. 시인이 대상을 보고 그것에 대해 말하는 대로 시인의 생각을 좇아 우리의 감정도 파문을 내며 움직인다. 이러한 시 속의 자아는 삶의 힘겨움에 주저앉은 나약한 모습으로 등장하기도 하지만, 때로는 삶의 진실을 찾아 방황하는 구도자의 모습으로 나타나기도 한다.

그 어느 쪽이건 화자의 어조는 차분하고 사색적이어서 읽는 이로 하여금 화자의 발성에 젖어들게 하고 화자의 아픔과 기대에 공명하게 한다.

내가 없으면 너도 없고

내가 있으면 너도 있지

한 천 년 속세를 다니며

어느 갯가에 앉은 갈매기

어느 오름에 앉은 구름

나도 보고 너도 보고

어느 누가 보고파서

어느 사랑이 슬퍼서

내가 울고 너도 울고

그러나 우리 있잖아

나 죽고 너 살아

한 천 년 더

세상을 품고 와서

내게 말해 줬으면 좋겠어

- 「그림자에게」 전문

 이 시를 읽으면 우리들의 흔들리던 마음이 가라앉고 한층 정갈한 상태로 심성이 승화되는 것을 느낄 수가 있다. 나의 안에도 너는 있고, 부재의 틈새에도 너는 있다. 외부가 나의 연장이듯 너는 나와 다르지 않다. '그림자'는 서로 다르지 않은 존재들이 서로를 마주 보면서 그리워할 수밖에 없다. "내가 없으면 너도 없고"라고 말하는 시의 첫 구절을 대하면서부터 우리의 마음도 고개를 끄덕이게 하고 나와 한몸인 '그림자'를 떠올린다. 그리고 너와 내가 "한 천 년 속세를 다니며" 발길이 닿았던 장소, 너와 내가 보았던 풍경들을 생각한다.

사람이 산다는 것은 지리적 공간, 혹은 장소와 관계를 맺는다는 것이다. 의미를 머금은 장소들이 드넓게 퍼져 있는 세상에서 사는 것이 잘 사는 것이다.

지리학자 에드워드 렐프가 지적했듯이, 사람답다는 것은 거처를 삼고 삶을 일구는 자신만의 장소를 확보하고 있고 그 장소를 속속들이 잘 알며 친밀감을 쌓아간다는 것이다. 사람은 필연적으로 저를 둘러싼 지형적 세계 공간을 그 어떤 사유를 통해 이해하고 그것을 넘어가고자 한다. 너와 내가 함께 보았던 "어느 갯가에 앉은 갈매기"도, "어느 오름에 앉은 구름"도 "나도 보고 너도 봤던" 풍경들이 죽음 앞에서는 애틋하게 다가온다. 그렇게 장소와 마음은 상호 삼투하며 마침내 그것을 바라보는 '나'와 무관한 그 무엇이 아니라, 바로 '나' 그 자체가 된다. 그것이 장소의 혼이며 정체성의 본질이다.

이 시는 슬픔의 채색에도 불구하고 마음의 맑은 기운을 독자들에게 조성해 준다. 산다는 것은 때론 수평선 같은 희망도 보이지만 대체로 힘겹고 신산한 것이다. 시인 역시 방황과 좌절의 체험 속에서도 "나 죽고 너 살아/ 한 천 년 더/ 세상을 품고 와서/ 내게 말해 줬으면 좋겠어"라고 말한다. 요컨대 상실과 막막함 속의 감정 저편에 그것을 넘어서려 하는 기대와 의지가 엄연히 존재한다는 것을 시인은 조심스럽고도 따스한 어조로 당부하고 있다.

이러한 양전형 시인의 어조는 낮게 가라앉아 있고 호흡은 절제의 미덕을 보여주고 있다. 시인이 풀어내는 하나하나의 말씨들은 평소에 늘 겸손하고 자신을 낮추는 시인의 모습 같아 우리 가슴에 잔잔한 파문이 인다.

　　제주를 달리다 보면
　　흐르는 강물을 탄 듯하네

　　제주에서는 강에 가야 일을 보네
　　강에 가지 않으면 할 일이 없다네

　　마트 강 둠비 상 오라

한라산 강 등산이나 허주

가는 곳마다 다 강이네

바당 강 구젱기 심엉 오카

학교 강 공부나 허게

육지서 온 사람들이 말하네

제주는 강이 많아 청정하군요

- 「강」 전문

「강」은 언어유희와 지역어의 정서를 통해 제주만의 독자적 언어문화를 시적으로 형상화한 작품이다. 시인은 표준어 화자의 시선과 제주 방언 화자의 삶 사이의 언어적 간극을 경쾌하면서도 성찰적으로 드러낸다. 이 시에서 반복적으로 등장하는 '강'은 표준어 화자의 입장에서는 '하천河川'을 연상시키지만, 제주 방언에서는 동사적 표현이다. "마트 강", "한라산 강", "바당 강", "학교 강" 이렇듯 같은 단어라도 전혀 다른 의미를 담고 있는 언어적 이질성이 작품의 핵심 유머이자 정서적 근간이다. 이로 인해 표준어 화자의 말과 제주인의 말 사이에 오가는 혼동과 오해가 발생하며, 그것이 시적 장치로서 기능한다. 또한 이 작품은 제주어의 단순 소개를 넘어서, 그 언어 속에 흐르는 삶의 방식과 정서를 보여준다. '강'이라는 단어가 반복될수록 독자는 그 의미의 중첩 속에서 언어의 상대성을 느끼게 된다. 육지 사람은 "강이 많아 청정하다"고 말하지만, 정작 제주 사람에게 '강'은 생계의 움직임이자 생활의 발길이다.

  이 시는 단순한 언어유희를 넘어서, 언어가 현실을 어떻게 반영하고 구성하는지에 대한 근본적 질문을 던지고 있다.

3.

  이미 문학계의 중진으로 자리잡은 양전형 시인은 사실 필자가 1990년부터 문학에 뜻을 두고 한라산문학회 동인과 더불어 시를 쓰고 문학을 논하던 인연이 있다. 생각해보면 그때는 문학을 잘 알지도 못했고(지금도 잘 모르지만), 무척 게을렀으며 그저 문학이 좋아서 낭만에 취해 어울렸던 것 같다. 그런 부끄럽고 궁색한 나에 비해, 양전형 시인은 시에 정말 미쳐 있었다. 합평 때 그의 모습을 보면, 늘 주머니에서 깨알같이 메모한 시들이 겸손함과 함께 주저리주저리 나왔다. 길을 걷다가도 음악을 듣다가도 무조건 펜을 들어 메모하는 습관에서 진정성 있게 시를 대하는 자세를 배울 수밖에 없었다. 그러다 나는 결혼을 했고 시는 사치로 다가왔다. 직장을 다니고 애를 키우며 오로지 사는 것에만 매달렸다. 그 후 서로가 만날 수 있는 기회는 거의 없었다. 그러나 그런 공백의 시간이 길어짐에도 불구하고 내 머릿속에 그는 늘 겸손하고 참다운 시인으로 남아 있었다. 2014년에 발표한 『꽃도 웁니다』의 서정적 율조가 내 마음에 지워지지 않는 여운으로 남아 있었기 때문이다. 감귤농협의 지점장으로서, 상임이사로서, (사)제주어보전회 이사장으로서의 바쁜 일정 중에도 그는 계속해서 시를 발표하였고 시집을 간행하였다. 필자는 그런 모습에서 시에 대한 깊은 관심과 애정이 그의 가슴속에 그대로 간직되어 있음을 깨닫게 되었다. 그리고 시에 대한 열정과 진심에 비추어, 시인으로서의 나의 자세는 너무나 안일한 것이 아닌가 부끄럽게 여겨졌다. 문학으로나 제주어로나 자연스레 존경의 대상이었고 나의 스승이다.

  이 시집 『나 다시 필 거야』의 해설을 쓰는 것을 통해 그때의 게으름과 지금의 부족함이 조금이라도 덜어지길 바라는 마음 간절하다.

    오랜만에 시와 마주 앉았다. 그를 내 종이로 이끌었으

나 요지부동이다. 이윽고 나는 메마른 미라. 그의 초롱한 눈이 내 얼굴 훑으며 그의 종이 위에 나를 쓴다. 시가 나를 어떻게 썼는지는 몰라도 그 종이 위에서 동물원 냄새가 풍긴다. 그럴 때마다 나는 되돌아오는 목숨. 시가 나를 떠난다. 내 연필은 그의 손에 들려 있고, 그가 남긴 종이는 또다시 백지다

- 「시의 몽환」 전문

이즈음 나의 시는 침묵을 앓고 무뚝뚝해졌다 탄력성을 잃었다 웬 형상이 그려지다가 무기력하게 입 다물고 돌아서 버린다 가뭄이 길어 농촌이 아우성이라는 뉴스가 끝나자마자 빗발이 창문을 두드린다 내 사유(思惟)가 급히 만발해진다 사물 하나 울타리를 넘나드는 게 들린다 오 누가, 무엇이 잉태될 것인가 펜을 단단히 움켜쥐고 기다린다 창밖을 서성이다 끝내 창문을 못 뚫은 시가 다시 돌아간다 아, 너의 침묵을 또 보았다 부디 처연한 상처를 입고 돌아갔기를 빈다

- 「궁상 떨기」 전문

펜 끝을 흘러나온 사유들이 세간에 질서 없이 널브러져 있는 동안 내 시들은 꼬리가 길어 밟혀 왔다 잡아당기기엔 이미 흘러간 물이다 꼬리를 줄여라 꼬리를

줄여라 한줄기 연약한 사유의 호소마저 집어삼킨 채 긴 세월 덫틀에 갇혀 엉킨 뱀의 무리처럼 허멩이문세만 날름거리게 하던 내 낡은 사유들이 지금 심한 변비에 걸려 있다

- 「변비에 걸린 시」 전문

 이 시를 정밀하게 분석하면 양전형 시인의 시쓰기 전략과 그 속에 담긴 정신의 기미를 포착할 수 있다. "요지부동", "미라", "동물원", "무기력", "허멩이문세", "변비" 등 비유적 표현을 동원하고 있지만, 자신의 내면을 어떤 다른 구도를 통하여 드러내고 있다.

 시인은 종심從心의 나이에 이른 후, 자신의 삶을 돌이켜보면서 아픔과 부끄러움을 느끼고 회한의 심정을 갖는가 하면, 자신의 내면을 재성찰하는 계기를 마련한다. 시인의 표현에 의하면 "시와 마주 앉았으나 요지부동이고/ 종이 위에서 동물원 냄새가 풍긴다"고 했다. 또한 "나의 시는 탄력성을 잃었고/ 무기력하게 입 다물고 돌아서 버린다"고도 했고 "허멩이문세만 날름거리게 하던 내 낡은 사유들이 지금 심한 변비에 걸려 있다"고 했다. 자신의 젊은 시절은 거침없이 시를 쓰고 표현하였지만, 종심從心의 나이에 들다 보니, 오히려 시를 쓰는 게 더 조심스럽고 사유

가 깊어진 것이다. 그런 자세가, 그의 맑은 시 정신이 시를 대하는 치열한 추구의 자세 못지않은 정신적 가치를 지닌다고 할 수 있다.

시인이 시를 쓰는 이유는 여러 가지가 있을 것이다. 어떤 사람은 북받치는 감정을 주체할 길 없어서 시를 쓸 것이고, 어떤 사람은 남들에게 어떤 이야기를 전하고 싶어서 시를 쓰기도 한다. 그런가 하면 어떤 시인은 하나의 정교한 예술 작품을 창작한다는 생각으로 시를 쓰기도 할 것이다. 그러면 양전형 시인이 시를 쓰는 이유는 무엇일까?

그는 서문에 "한계를 넘지 못하고 바둥대던/ 내 사념의 파편들을/ 밖으로 내쫓는다/ 추레한 내 시들이여/ 거친 세상 조심히 다니시라!"며 시인의 소망을 담백하게 드러냈다. 자신의 나이듦과 그것에 의한 긴장의 이완, 순수성의 흔들림을 고백하고 있다.

양전형 시인은 시의 출발기에서부터 한 점 얼룩이 없는 순결한 영혼을 추구했다. 그러한 추구의 정신은 당연히 삶의 비애로 이어진다. 우리가 살아가는 이 황폐한 세계가 그러한 영혼의 순결성을 보장해주지 않기 때문이다. 이런 까닭에 그의 시는 초기시부터 오늘의 시에 이르기까지 순결성의 추구와 상실의 감정이라는 두 축을 변함없이 유지하고 있다.

초름한 화분에

붉은 나비들 피었소

그대는 가뭇없고 봄날은 다시 오고

화경에 바짝 부풀다

동동 동동 떠 있소

날아도 날아봐도

날지를 못하오

접어도 접어봐도 접어지지 않소

그리운 내 맘이 저러오

불서럽게 피었소

- 「나비난초」 전문

 이 작품은 시조이며 일종의 연가라 할 수 있다. 우리는 이 연가의 구조 속에서 화경에 부풀어오른 붉은 나비난초의 모습과 봄날의 정취와 사랑에 몸 둘 바 몰라 하는 한 사내의 안타까움을 느낄 수 있다. 시인은 사랑이나 슬픔이란 말을 한마디도 하지 않으면서 그 감정을 드러내는 절제의 정신을 본다. 사랑하는 사람을 만나러 그대 집 창문까지 날고 싶어도 날아갈 수 없는 한 사내의 외로움, 나비난초를 통해 이렇게 세세히 묘사할 수 있는 사람은 이에 상응하는 체험과 감정을 소유한 사람임에 틀림없다. 사랑하는 사람의 창밖에 눈을 맞으며 밤을 새워 본 기억이 있는 사람, 새벽이 올 때쯤 자신의 무위한 기다림을 자책하며 눈길에 아득히 발자국을 남기고 사랑하는 사람의 집 앞을 떠나온 기억이 있는 사람이라면 이 시의 아름다움을 충분히 음미할 수 있을 것이다.

시인은 말한다. 그 붉은 나비들이 "날아도 날아봐도/ 날지를 못하오/ 접어도 접어봐도 접어지지 않소/ 그리운 내 맘이 저러오"라고. 봄날은 다시 왔지만 초름한 화분에 핀 나비난초를 응시하며 서 있던 그 깊은 흔적이 바로 시인만의 창조한 원동력일 것이고, 사랑의 아픔이 가슴 저 밑바닥으로 스며드는 것을 더욱 깊게 자리잡고 있는 양태는 "불서럽게 피었소"에 있다. 이것은 대상의 객관적 서술을 통하여 감정을 응축해내는 차원 높은 표현 방법으로 가슴을 저리게 하면서도 아련한 그리움을 갖게 한다.

또한 그의 시에는 인간에 대한 사랑이 내재해 있다. 그의 시편들은 수공예적 기교와 기발한 착상이 재치 있고 유연한 언어 구사가 빛을 발한다. 여기에는 대상을 정밀하게 관찰하고 그것을 자신의 삶의 국면과 관련지어 해석하려 한 시인의 관찰과 사색의 정신이 밀도 있게 농축되어 있다. '베롱낭', '능소화',

'산나리꽃', '겨울 장미', '별꽃' 등 평범한 꽃들을 소재로 쓰기 위해 시인은 얼마나 많이 그것에 대해 생각을 거듭했을 것인가. 그 시편들은 꽃들을 소재로 했지만 꽃 자체를 노래한 시가 아니라, 인간에 대한 사랑과 삶의 진실과 허위를 묘파한 점에 있어서도 독특한 자리를 점유한다.

4.

우리는 세상을 살면서 자신이 한 일에 대해 깊이 후회하는 때가 부끄러움으로 떠올라 지워지지 않는 경우가 있다. 시간을 돌이킬 수 있다면 과거의 시간으로 돌아가 그 말과 행동을 거두어 버리고 싶지만 그럴 수 없으므로 회한은 더욱 깊어진다.

양전형 시인의 시적 특징을 살펴보면 무겁고 엄숙한 분위기에서도 일상적 어법인 제주어를 통해서 상상력의 자유로움을 실현하려는 경향이 종종 발견된다. 그의 이면의 서사는 분명히 우울하고 슬픈 감정인데, 표면의 서사는 제주어를 통해서 해학적이고 익살스럽게 말한다. 그의 가벼운 언어와 분방한 상상력은 정신과 형식의 자유를 동시에 획득하려는 그의 의지의 소산이다.

「장마ᄀ리에」는 바로 기억 속에 남아 있는 가난 속 어머니에 대한 연민을 제삼의 인물을 자연스럽게 등장시켜 우회적으로 표현하고 있다.

느네 어멍 죽은 때도 영 마가 들어라. 옷 믄 적져불젠 삼방ᄁ장 비가 뺌광, ᄒᆞ꼼 쉬멍이라도 오주마는 그자 ᄒᆞ장옷이 왐시녜

느넨 두린 때라노난 잘 몰를 거여마는, 옛날 막 ᄀ물 안 홀 땐 허벅으로 내창물 질어당 밧디 주곡, 느네 어멍 잘도 고생ᄒᆞ고 얼먹엇저. 느네 멕이젠 ᄒᆞ난 느량 놈이밧 삭검질 매여 뎅인다, 소낭밧디서 솔닙 긁으곡 산이 강 낭 ᄀ차당 장이 강 풀곡 ᄒᆞ젠 ᄒᆞ난 ᄒᆞ시를 못 앚앗저

삼춘, 그만 굴읍서. 경 굴아가난 빗살도 더 커졈수게
- 「장마ᄀ리에」 전문

시인이 자신의 생각을 시로 담아내고자 할 때, 읽으면 금방 알 수 있는 직접적인 언술로 나타내는 수도 있지만, 대부분의 경우 비유와 수식이 결합된 복합적인 표현을 사용하는 예가 많다. 시인이 말하고

자 하는 내용은 복잡 미묘한 정서와 결합되어 있을 때가 많아서 단순한 산문적 서술로는 그 윤곽이 제대로 전달되지 않는다. 산문으로 쓰려면 몇 장의 원고지가 소모될 내용을 몇 줄의 시행으로 압축해서 표현하는 것이 시인이 하는 일이므로 시행과 시행 사이에는 감추어진 다양한 뜻이 함축되어 있다. 이것은 시인이 일부러 은폐하고 압축하기를 즐겨서 그렇게 하는 것이 아니라, 그러한 함축적이고 암시적인 말하기의 방식이 산문적 진술보다 때로는 대상의 진실을 더욱 핍진하게 전달하는 강점을 지니기 때문이다. 말하자면 시인은 어떤 대상을 직접 서술하는 것이 아니라, 제삼의 인물을 통하여 우회적으로 표현함으로써 오히려 산문적 전달 이상의 효과를 거둘 수 있는 것이다.

 장마 ᄀ리에 어머니의 죽음을 회상하는 시인은 터져 나오는 감정을 절제하여 차분하고 정갈한 어법으로 제삼자를 통해 사연을 풀어 놓았다. 자식으로서의 한이 담긴 이 침통한 고백도 시의 화자는 마치 하나의 정경을 그려내듯 담백하게 서술하였다. 이 담백한 서술 뒤에 말로는 토로하지 못할 자식의 비통함이 도사리고 있다는 것은 말할 필요도 없는 일이다. 그 비통함을 "삼춘, 그만 ᄀ읍서. 경 ᄀ아가난 빗살도 더 커졈수게"라고 담담한 어조로 말할 수 있는 것은 놀라운 정신력의 소산이라고 생각한다. 가난한 어머니의 삶을, 그리고 비애 속에 깃들인 망자에 대한 사랑을 이렇게 담담하게 말할 수 있는 것은 그의 내면에 드맑은 심혼이 자리잡고 있기 때문이다.

그립던 어머니를 26년 만에 만났다
오등봉 옆 산소에 누워 계시다가
2025년 양력 6월 15일 새벽 세시 반
나와 마주하여 세상을 다시 보는 어머니는
예전처럼 여전히 고우셨다

작은 칠성판에 눕고 명정에 덮인 어머니를
가슴에 부여안고
양지공원 화장터 가는 길
어머니, 어머니, 우리 어머니
불러보며 불러보며 울었다

바람과 풀숲이 어울려
가슴 아렸던 어머니의 인생을 두런거리고
잠시 이승을 스쳐가는 저승길도
나와 함께 성큼성큼 걸어주었다

양지공원을 나와

봉개 문중 세장산을 향하는 차 속

내 무릎에 앉은 따스한 봉안봉지가

어머니의 체온인 듯 스며든다

한줌 재로 가벼워진 어머니

어느 하늘에서든 훨훨 날으시겠다

- 「어머니를 다시 보내며」 전문

"오늘 엄마가 죽었다. 아니 어쩌면 어제" 알베르 카뮈의 소설, 『이방인』에 등장하는 첫 문장이다. 소설의 주인공 '뫼르소'는 엄마의 죽음에 대하여 객관적인 사실을 보도하는 기자처럼 말한다. 그 말에는 어떠한 감정도 실려 있지 않다. 단지 뫼르소는 사실을 건조한 투로 보도했다. 엄마의 죽음을 놓고서도 감정을 느끼지 못하는 그에게 어떤 면죄부를 줄 수 있단 말인가. 죽음이 가까운 곳에서 노크를 하기 시작한 후에야 삶의 본질을 깨닫기 시작하는 뫼르소. 그래서 다시 살고 싶다고 부르짖는다.

「어머니를 다시 보내며」를 읽으면서 나 역시 감정을 느끼지 못하는 뫼르소 같기만을 바랐다. 그럴 때마다 어머니에 대한 기억들은 시도 때도 없이 차올랐고, 마음은 아려왔다. 이 세상의 모든 어머니는 담

낭거미다. 풀잎 뒤에 고치를 짓고 그 안에 알을 낳은 후, 알에서 깨어난 새끼 거미들에게 자신의 몸을 주는 어미의 세세한 곡선들로 채워진 생을 어느 누가 다 헤아릴 수 있을까.

양전형 시인은 이장^{移葬}을 하며 26년 만에 다시 어머니와 마주한다. 생명이 떠난 흙의 잔해일 뿐인 유골에 무슨 큰 특별한 의미가 있는 것은 아니련만, 시인은 본능적으로 "어머니, 어머니, 우리 어머니/ 불러보며 불러보며 울었"다. 내 육신의 뿌리요, 내 자식들의 뿌리이기도 한 근원의 어떤 힘으로 내 삶의 지주가 되어 왔던 어머니. "작은 칠성판에 눕고 명정에 덮인 어머니를/ 가슴에 부여안고" 어머니가 다칠까 봐 화장터로 향하는 차 속에서도 감정의 습기는 뿌옇게 차오른다. "잠시 이승을 스쳐가는 저승길도" 어머니는 행여나 종심^{從心}의 아들이 어두운 길에 넘어지기라도 할까 봐 벗해서 "성큼성큼" 걸어주었다. 이 시에서 '성큼성큼'이라는 울림의 비장함을 파열음 'ㅋ'으로 거세게 시작한다. 그런 후에 어느 하늘에서든 "훨훨" 날으시겠다는 마찰음 'ㅎ'의 바람으로 빠져나가며 그것을 온전히 받아들이는 여유로움에서 죽음과 관련된 의식이 갖는 사변성과 엄숙성을 깨뜨리고 있다.

또한 시인은 어머니를 '밥'이라는 음식과 결부시켜 읽는 중이다. "서포리밥 강냉이밥/ 모멀는젱이범벅 늡삐범벅// 내 입으로 당신 배를 채우시면서// 빙시레 웃으셨네"(「가난의 입」)는 화자의 진술에 드러나거니와 어머니의 사랑을 음식에 대한 기억, 곧 입의 감각을 통해 확인하고 있다. 어머니의 시간 속에선 과거가 현재는 물론이고 미래까지 속박한다. 밥 하나, 유품 하나로 자식은 그 시간을 역류하여 아득한 고거^{考據}로 거슬러 오르고 그 역류의 몸짓으로 스스로의 존재 가치를 세운다. 시인의 어머니는 늘 마음속 깊이에서 도란도란 흘러가는 물소리를 내었고, 대숲을 흔드는 바람소리를 내었으며, 밤마다 시인의 발걸음엔 달빛 그림자로 따라왔을 것이다. 어쩌면 이십 육년의 세월을 지켜보면서 줄곧 "나 아들아, 멩심허영 뎅기라"고 말씀하고 계셨는지 모른다.

5.

 양전형 시인의 작품에 대한 해설을 쓰면서 많은 생각에 잠겼다. 좋은 시에다가 어떤 관념적인 내 허접한 기술적 표현과 오독이 오히려 시를 망가뜨리지 않을지 심히 염려되었다. 더군다나 관록이 있는 중

견 시인의 작품에 덧칠을 하여 불편을 끼치는 것은 아닌지, 해설을 쓰는 내내 걱정이 조여들었다. 그리고 '시가 무엇인가', '나는 지금 어떤 시를 쓰고 있는가' 하는 통상적인 물음에 대해 고민을 많이 하는 시간이기도 했다. 나 자신이 스스로에게 물으면 물을수록 현명한 대답을 내린다는 게 더욱 절망적이었지만, 결국은 양전형 시인의 작품을 정독하면서 이게 정말 '시의 본질이구나' 하는 깨달음이 고맙게도, 다행스럽게도 내게로 왔다.

  친구들이 나에게
  밥이라 한다
  그래, 나는 밥이다
  한여름 뙤약볕에 목마름 이겨내고
  할퀴며 쥐어뜯는
  비바람도 이겨냈다
  한 톨 한 톨 내 낱알
  드디어
  용광로처럼 끓는 물
  다 이겨내고
  이 세상 밥이 되었다

              - 「밥」 전문

하얗게 뜬 고봉밥이 눈부셔야 하는 당위성은 설명하지 않아도 이 시 속에 무르녹아 있다. 사람과 사람 사이에서 밥 같은 존재는 얼마나 소중하고 인정받은 사람인가. "한여름 뙤약볕에 목마름 이겨내고/ 할퀴며 쥐어뜯는/ 비바람도 이겨냈"으며 "용광로처럼 끓는 물/ 다 이겨내고" 복잡한 세상사를 거쳐가는 우리들에게 밥이 된다는 것은 시인의 따스한 온기가 타인들에게 지속된다는 것이다. "그래, 나는 밥이다"의 고백처럼 자신의 의식을 투영하여 인간의 존재론적 위상을 선명하게 드러내는 역할을 하고 있다. 이처럼 자신의 내면을 드러내는 경우에도 자아의 일방적 노출에서 벗어나 언제나 자아와 세계와의 관계를 성찰하면서 자아의 번민을 드러내고 있어서 서정시다운 품격을 유지하고 있다.

시적 자아의 고통과 번민을 드러내는 개개의 시편들은 어느새 감정의 중압감에서 벗어나 어떤 정신의 기품 같은 것을 느끼게 한다. 이것은 그의 시가 서정시의 한 중심 부분에 놓여 있다는 것을 뜻한다. 많은 시들이 서정성의 울타리에서 벗어나 보겠다고 좌충우돌하는 오늘의 상황에서 서정시의 본령을 보여주는 양전형 시인의 시는 바로 그것 때문에 우리의 심혼에 더욱 빛나는 광휘를 드리우는 것이다.

시인이 하는 게 무엇을 짓거나 부수는 일, 둘 중의 하나라고 생각한다. 짓는 일을 생각하면 머릿속에 한 채의 집이 떠오른다. 그 집은 나무로 지은 집이다. 그렇다면 무엇 하러 시간의 숲에서 숱한 나무들을 베어다 이 문자의 집을 지었을까. 겨우 비를 피할 수 있는 시의 집에서 살아갈 것이다. 누추한 곳이지만 누군가를 초대하고 싶어지기도 할 것이다. 그리고 잘 참고 견뎌내는 날이 많을 것이다.

그러다가 누가 기별 없이 찾아오지는 않는지 가만 내다보는 오후까지, 양전형 시인은 따스한 밥처럼 그렇게 기다릴 것이다.